Für
Uodel
von
Fortini + Roland

Ostern 2011

Die
Äpfel
röten sich

Roland Stigulinszky

ISBN 3-926 339-26-8
(C) SCW Auer-Sällef, Saarbrücken 2o11
Satz aus der Concorde Roman
und aus der Schreibmaschine
Druck: Pirrot-Druck, Saarbrücken-Dudweiler

Umschlag und Zeichnungen:
Roland Stigulinszky

„Die
Äpfel
röten sich

Roland Stigulinszky
Gedichte

BS

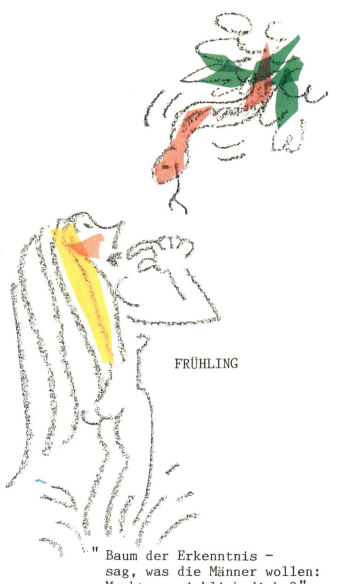

FRÜHLING

" Baum der Erkenntnis –
sag, was die Männer wollen:
Macht es wirklich dick ?"

Baum-Haikus

Der Baum ist verzweigt.
Auf dem Zweig singt der Vogel
mühelos vom Blatt

*

Der Baum wurzelt tief.
De profundis stammt die Kraft,
die Stürme besteht

*

Die grünsten Blätter
werden müde und welken –
and so we do too

*

Japanische Form
verdichtet Geist und Natur:
Haiku und Bonsai

Ein Jammer!

Vertrauensselig traut der Obstbaum
    schon dem ersten warmen Wetter:
"Marsch! – An die frische Luft!"
    treibt er die Blüten aus.
Erst später kommen dann die Blätter.

Er hofft, dass Bienen,
    Wespen, Hummeln
vergnüglich emsig
    sich im Blütenbaume tummeln –
doch schon der nächste kalte Tag
    macht alle seine Hoffnungen
    zu nichte:
Wo wegen Kälte
    keine Bienen kamen,
kommen keine Früchte.

Früher lief das alles prima –
heute haben wir das Wandel-Klima.
    Und auch der Mensch,
selbst Mitglied der Natur,
zieht querfeldein die Schadensspur.

Nur die Erinnerung

                      am Frühstückstisch
                      Marie Luise Kaschnitz'
                      "Schluss" vorgelesen
                      und rausgeschaut

Graues Grau.
Der Regen prasselt dumpf
aufs schräge Glas.
Die griesen Wolkenfetzen,
kaum erkennbar
in der groben Himmelsdecke,
treiben eilig nach Nord-Ost.
Stets wenn sie schneller werden,
tönt der Regen heftiger und tiefer.
Dann strömen Bäche
die Schräge abwärts über unsern Köpfen.
Unmerklich schwanken draußen
filigran und schwärzlich
die Gerippe
der noch unbelaubten Bäume
vor einem zeitweis hellren
Horizont.
Kaum Hoffen auf Gutwettertage –
nur die Erinnerung ,
dass es sie gab.

Glückauf

Schon scheint dahin
   das arge Winterwetter
Schon knospen an den Zweigen
   erste Blätter
Schon strahlt die Sonne,
   wenn auch wenig Stunden

Noch ist nicht alles gut
   und überwunden
Noch schmerzen manchmal
   Kreuz und Glieder
Noch geht es langsam –
   doch nun gehst Du wieder

Morgenstund

Am frühen Morgen
bleibe ich ganz gern
noch etwas liegen
und schaue durch das Fenster
zum Wildkirschbaum
im Eck des Gartens.
Ein Riesenkerl, hoch,
rund und mächtig.
Im späten März schon
blüht er weiß und prächtig.

Nun steht er gegen einen
zarten Himmel,
der tausendfach
durchs Blattwerk blitzt.
Im Baum ist drinnen
viel Bewegung
von Schatten,
die durch das Gewebe flattern
aus dunklen Blättern
und aus Himmelsflecken.

Dann wieder ist der Baum
ganz still.
Kein Morgenwind,
der ihm die Blätter regt.
Nur ab und zu
rührt sich ein Zweig,
wo einer ausfliegt.
Jetzt taucht die Ringeltaube
ein im Baum
und gleich darauf quert sie
grauweiß im schnellen Fluge
mir das Blickfeld,
und in den Apfelbaum
dicht vor dem Fenster
huscht ein Buchfink,
der flink
was von den Blättern pickt.

Na denn.
Dann ist wohl Zeit
zum Frühstück.

Alles Anfang April

Wildkirschbaum: Weiß
Eierpflaumenbaum: Weiß
Schleifenblume: Weiß
Pflaumenbaum: Weiß
Rätselbaum: Weiß
Hyazinthen: Weiß
Spiräen: Weiß
Rhododendron: Weiß
Winterheide: Weiß
Mirabellenbaum: Weiß

Ich weiß:
Frühling!

Anders

Aufrecht nach oben
wächst stets,
wenn frei er im Licht steht,
der Baum
und strebt, wie der Strauch,
schräg sich neigend ins Helle,
wenn ihn der Schatten
des Nachbarn bedrängt.

Anders der Mensch.
Ihm weckt der Widerstand Kräfte,
die frei sich mit anderen
messen.
Nur, wo ihm Klugheit
und Einsicht es raten,
tritt der Starke
zur Seite.

Sahst du es nicht?

Wenn ein leichter Wind geht —
sieh nur hin, du ahnst ihn kaum!,
der die Zweige und die Blätter
dort im hohen Baum
nur ein Weniges verdreht,
dann wird auf einmal aus dem Licht,
das himmelweit dahinter steht,
durch die Veränderung
von aberhundert Blätter-Zwischenräumen
ein Blitzen und Blinken
und ein Flimmern
wie Winken...
wie in Träumen...
Siehst du es nicht?

Elegie

Hellgrün leuchten die Kerzen der Kiefer
und lilafarben drängt sich der Klee
keck durch die dichten Rosen,
    die wir lieben.
Die Sonne sinkt nun tief und tiefer.
Ganz fern, ganz leise rauscht die See.
Sieh: der Holunder hat noch einmal
    ausgetrieben!
Wo war er, wo sind unsre Jahre bloß
    geblieben?

Zu hoch für mich

Wie Perlen reihen sich die Kirschen
    an den Zweigen,
die ersten werden bereits zaghaft rot.
Um sie zu ernten, müsste ich
    den Baum besteigen,
und wenn ich runterfiele,
    wär' ich mausetot.

Versähe ich mich auch mit Stecken –
die Kirschen wären nicht zu fassen.
Es müsste selbst der Goliath
    sich recken –
ich sehe schon, ich muss es lassen.

Auch mangeln mir die Telegrafenmasten-
    Eisen
und ausfahrbare Leitern von der
    Feuerwehr,
drum kann alpinen Mut ich nicht
    beweisen,
obwohl ich gerne Reinhold Messmer wär'.

So lass' ich sie, die Kirschenperlen.
Des Kirschbaums Pracht wird eines Tages
gepickt von geilen Amselkerlen!
Die Träne quillt mir. Ich beklag' es.

Ihr Amseln, ruf ich, wenn ihr wüsstet,
wie gut die Wildkirschmarmelade
schmeckt, nach der mich lüstet!
Ach, es ist wirklich jammerschade!

Verzeihung, Josef v.E. !
oder
Totale Finsternis
in der Mondnacht

Es ist, als hätt' der Himmel
die Erde nie vermisst,
seit sie im Anspruchsfimmel
kaum noch zu lieben ist.

Die Luft wird immer kälter,
Frucht zu Benzin gemacht,
die abgeholzten Wälder –
sie rauschen nicht. Gut Nacht!

Ach – unsre Seele spannte
zu weit die Flügel aus!
Der Welt versehrte Lande –
sie bieten kein Zuhaus...

SOMMER

Mit gelben Birnen
mag ich den Gänsebraten.
Nicht süßes Rotkraut!

Feiernachmittag

Ich streck die Beine in den Garten.
Ich bin, wie man so sagt, erschossen.
Für heut ist Schluss,
    hab ich beschlossen.
Jetzt soll der Feierabend starten!

Ein warmer Wind hat sich erkräftigt,
sodass der Wildkirschbaum
    sich wiegt und wogt.
Ich bin mit Schauen voll beschäftigt.

Die Wolken ziehn, die Sonne muss
    dahinter warten.
Vor einer Stunde hat es noch gegossen.
Wir haben es beglückt genossen,
dieweil wir uns das Gießen sparten.

Der späte Sommer
    tupft nun andres Färben:
Euphorbienblüten,
    die sich bräunlich zeigen,
die Äpfel röten sich an Ästen,
    die sich neigen.
Die Schnecken
    ließen die Petunien sterben.

Begoniengelb treibt lange Stiele,
und die Hortensie färbt sich
    bleu mourant.
Ich denke an die nächsten Ziele:

Soll ich dein Herze
    in die Rinden kerben?
Dazu den Pegasus
    (Ich schnitt' es gern...)
    besteigen?
Ach, wozu soll ich es verschweigen:
Ich würde gerne unser Glück vererben.

Wald im Garten

Wir haben einen Gartenwald,
der uns umgibt mit Busch und Bäumen,
mit jährlich neuen Blumenflecken,
mit Lorbeer und mit Farnen.
Das wächst und grünt im Sonnenlicht,
das deckt des Wäldchens Boden dicht,
das liebt, sich zu umgarnen
in fast verborgnen Ecken.

Wir sitzen, schauen, träumen
und lieben die Naturgestalt.
Sie lockt an allen Enden
zu Dämmerschattenspenden.

Das ist sie: Unsre Wildnis,
mit Wachsen hier und Welken dort,
mit Eingriff und mit Stützung
von Äpfeln, Pflaumen, Mirabellen,
mit Pflücken, Sämmeln, Aufbereiten.
Der Wiese Gras ruft zum Beschneiden,
die Rodung brauchts an manchen Stellen
und auch des Sägezahns Benützung.

Zur Überleitung nur dies Wort:
Der Wildwuchs ist ein Bildnis.
Die wirre Welt hat einen Ort,
der ist umrankt von dichten Hecken.
Dort blüht im schützenden Gehege
bei zweier Herzen steter Pflege,
was nur die Suchenden entdecken:
Die Liebe als des Lebens Hort.

Baumobsternte

Die Leitern stehen längst
    im Garten,
alles trippelt recht nervöse
alle können kaum noch
    warten,
mustern Mitbewerber böse.

Darf man Konkurrenten treten?
Hat die Leiter festen Stand?
Sollte man beim Pflücken
    beten?
Singt man "Heilig Vaterland!"?

Jetzt gehts aufwärts
    auf den Leitern!
Kampfgeschrei und Schweiß
    und Hast,
einer ist bereits am Scheitern,
hat die Sprosse knapp
    verpasst.

Jeder will sie alle pflücken,
jeder nimmt auch die mit Wurm,
wird sich auch um Fallobst
    bücken – –
Da! Und schon vorbei der Sturm !

Eilends wiegt man alle Körbe,
denn es geht beim
    Leiterklimmen –
na, um was schon ? –
    Um den Wahlsieg!
Wer hat heut die meisten Stimmen?

Wirkungen

Die Sonne saugt
den Zweig ins Licht,
dass Blüte, Blatt und Frucht
gedeihe

Die Träne taugt,
dass dein Gesicht,
von Trauer frei, sich wieder
freue

Das Leben laugt
die Liebe nicht,
denn Jahr für Jahr wärmt sie
aufs Neue

Wozu dienen Vers und Worte
von der obgenannten Sorte?
Sollst dich ihrer Weisheit stellen:
Nur der Schatten
hilft dem Hellen!

**Mensch! Du darfst, es zu erkennen,
nicht mit offnen Augen pennen!**

Septemberblüte

Durchs enge Dunkel fremder Blätter,
 die ihm das Licht nicht gönnen,
  drängt der Jasmin ins Helle hoch
  und treibt dort späte Blüte.
Er spricht: Kommt garnicht in die Tüte –
 ich blühe im September noch!
  Seht her, wie mich die andern können!
   Der Gärtner sagt nur: Donnerwetter!

Vorsorglich gewarnt!

Unreife Mädchen
sind hart wie grüne Äpfel:
Nicht zum Anbeißen!

   *

Die guten Sorten
dürfen auch länger lagern,
denn sie reifen nach

   *

Die Äpfel sind reif:
Feinschmecker-Amseln haben
Krater reingepickt

   *

Fallobst ist freundlich:
Es bewahrt manche Pflücker
vorm Fallobstschicksal

   *

Der Apfelwickler
erspart manchem faulen Mann
das Äpfelschälen

HERBST

Mann, es ist Zeit! Ran!
Die Äpfel müssen runter!
Ich mache Kompott!

Nacht

Überm Birnbaum steht
    der Morgenstern.
Im Dunkel strahlet er,
    der Brave –
Ich aber seh ihn
    gar nicht gern,
weil ich nach dem
    Pinkelgange
und befreit von
    Harnes Drange
lieber wieder weiter
    schlafe.

Schließe drum die
    trägen Lider,
strecke meine lahmen
    Glieder:
Hoffentlich
    kommt Morpheus wieder!

Dass jener "Birnbaum"¹⁾
   Äpfel (!) trüge,
sagt mein Weib am Morgen,
   das ihn kennt.
Stimmt. Doch bleib ich
   bei der Lüge
und widerrede
   vehement:

Ein "Apfelbaum"
   passt einfach nicht,
weil er im Obstgehölz-
   Gedicht
dem Silbenrhythmus
   nicht entspricht!

Obstversorgung

Apfelbäume hängen voller
runder rosigpraller Brüste –
Nahrung aller Männerhirne.
Manche träumen lieber Birne.

Meistens quält der Apfelkoller.
Als ob Hirn nichts andres wüsste!
Manche lieben Mirabellen,
die bescheidener erquellen.

Träume treiben tolle Blüten,
wenn im Mann sie innen wüten...
Doch man muss die Öbste pflücken!!

Auf die Leiter! Rauf und runter!
Jetzo wird der Ischias munter...
Und selbst Fallobst zwingt zum Bücken...

Bildbeschreibung

Die Sonne taucht
ins hellste Morgenbühnenlicht
das flache Tal,
und alle Heidebuckel
werfen kleine Schatten hinter sich.
Die runde Kiefer
lässt sich, unbeweglich,
die Hälfte ihres Bauchs bescheinen.
Ganz leise
rühren sich die abgeblühten Rosen
in der Morgenluft.

Ein Rabe kommt
mit trägem Flügelschlappen vom Watt
entlang der Düne,
hebt sich linksum nach Süden
über ihre Kante und verschwindet
in der Senke drüben.

Brot, Butter, Marmelade,
Quark und Honig
auf dem abgegessnen Frühstückstisch
sehn dieses alles ungerührt.
Geschirrspülwasser wird gleich kochen.

Stadtrandwaldspaß

Herbstmüde hat das Wetter
    am Nachmittag sich aufbereitet.
Ein letztes Mal vielleicht,
    dass heut der Himmel blaut,
von dem die kleinen weißen Wolken
    fast ungerührt heruntersehen,
weil heute mal nur
    weiche Winde wehen.

Da schlendern wir
    durch unsern Stadtrandwald
(die Dichter
    nennen stille Wälder traut) –
kaum hörbar ist so was
    wie stilles Rauschen,
das uns und andre
    auf dem Weg begleitet.

Es füllt die Luft
    von oben her,
wo sich der Bäume
    hochgesteiltes Grau
in ihren Kronen
    filigran verästelt
und, dies Geräusch erzeugend,
    sie ineinander zart vernestelt.

In trocknen braunen Tönen,
　denen wir beim Gehen lauschen,
raschelt
　jahreszeitgemäß das Laub.
Der Vögel helles Singen
　würde mich nicht stören,
doch bin ich gegen hohe Töne taub -
　mein Tinnitus kann sie nicht hören.

Gemächlich führt der Weg
　uns so zur Kuppe,
wo auf der Wiese
　wollig hohes Unkraut steht.
Zwar wäre auf der Gattung
　Namen ich erpicht,
doch auch die Gattin
　weiß ihn leider nicht.
Und eigentlich
　ist mir der Name schnuppe.

Nun wird
　um 180 Grad gedreht,
weil stantepee
　es jetzo heimwärts geht.
Die Sonne
　neigt sich tief im Westen.
Zuhaus fühlt man sich -
　das ist wohl verstehbar,
zumal wenn's finster wird -
　am besten.
Der Wald hingegen
　ist dann länger nicht begehbar.

Schauer

In dünnen schrägen Fäden
fällt ein schneller Regen
auf die Heide.
Nervöser Wind
bewegt die runde Kiefer.
Jetzt
greift er plötzlich zu
und hart und dicht an dicht
peitschen die Böen
in jähen Stößen
den Schauer
wie geraffte Schleierfalten
vorbei am Fenster
übers Tal.
Dann
ist der Schleierstoff
wie abgeschnitten.
Im aufgehellten Licht
liegt nun die kleine Landschaft
und vorerst
still.

November

Lautlos sank die Temperatur,
liegt nun kälzend überm Garten.
Stetig tickt des Jahres Uhr.

Lustlos zeigen erste Bäume,
die den Winter stumm erwarten,
statt der Blätter Zwischenräume.

Farblos still im frühen Morgen,
als ob sie der Winde harrten,
stehen Wolken, grau wie Sorgen.

Zustandsbeschreibung

Verwahrlost
liegt der Garten nach dem Urlaub.
Verkrümmte Blütenreste
stehen wie erstarrt
in kalten Töpfen.
Am hohen Ahorn
sitzen noch paar Blätter –
das ausgebeulte Baumnetz
überm Weiher
hat abgefangen, was er fallen ließ.
Am Weiherrande grüßt
allein mit dunkelrotem Blattbestand
und tröstlich unberührt die Azalee.
Braungrün ist
unser Wildkirschbaum noch vollbelaubt.
Auch unser grüner Apfel
hält noch durch.
Die angebräunten gelben Blätter
der Hortensie aber
hängen müd vom Klettern
im kahlen frühen Apfelbaume,
der, so scheint's,
den Kampf schon aufgegeben hat.

Die Bottiche sind voller Regenwasser,
das ich nun eimerweis,
damit der Frost sie nicht zerreißt,
auf harten Wiesenboden kippen muss.

Der Winter droht
mit trotzigen Gebärden –
mal sehn, wie wir ihn schaffen werden.

Später Herbst

Nach oben strebt alles
ins nie verschattende Helle,
in des Tages strömendes Licht.
Auch brichts aus dem Strebenden
an zahlreicher Stelle
und gleichfalls nach oben.

Doch ebenso neigt es
in schönem Bogen der Erde sich zu,
ein vielfach Verzweigtes,
im Sommer mit Früchten
reichlich bestückt.

An all solchem Strebenden
hängen noch, bräunlich vertrocknet,
die einst schöngebildeten,
die, jung und voll Hoffnung,
in grünender Dichte
empfangend sich ausgebreitet,
Blätter,
ins Lichte.

Nun sinken sie,
welk wie das Alter,
vom leichtesten Winde gelöst,
zu Boden.
Und sichtbar werden Skelett
und Strukturen
im nebligen Lichte des kürzeren Tages,
sinnreich selbst noch
in wirrer Verzweigung:
Bild der Natur im Laufe der Uhren.
Keiner beklag es.

Baum um Baum

Dieses macht den Dichtern Qualen:
Holz ist Rohstoff für Papier!
Täglich braucht man's für und für!
Baum um Baum wird drum zermahlen.
    Ein Roman frisst halbe Wälder!
    Und sogar des Tages Zeitung
    hilft der Leere zur Verbreitung –
    Wo einst Wald war: Leere Felder.
Leer sind Worte, die uns rühren.
Liest du nach, was du gehört,
sind sie das Papier nicht wert,
arg verholzt und arg papieren.
    Und du selber sprichst: Was soll's!
    Verheizt, gebrannt und leergelaufen
    stehst du vor den Scheiterhaufen.
    Doch du hoffst und klopfst auf Holz.

WINTER

Von draus vom Walde
Maschinengewehrfeuer:
Der Specht klopft am Baum!

Irrglaube

Heut ist der erste Schnee gefallen –
früher war das früher Brauch –
er liegt wie kleine Blütenballen,
die sich an Zweig und Äste krallen,
auf Baum und Strauch.

Er fiel in winzig kleinen Flocken
wie weißer Nieselregen
für uns, die in der Stube hocken
in Hose, Jacke, warmen Socken,
damit wir Hoffnung hegen.

Weiß liegt er auch auf grünem Laube
des Baums mit roter Büschelbeere,
und dank der grünweißroten Traube
erwacht in uns der falsche Glaube,
dass Sommer und Italien wäre.

Orchestrales Hoffen

Immergrün
inmitten winterbrauner
Heidebuckel
wiegt die Kiefer
lustlos ihre Zweige.

Wolken ziehn
zu lang schon graue Decken
vor die Sonne.
Melancholisch
tönt des Winters Geige.

Doch es blühn
in uns der Hoffnung Klänge,
dass der Frühling
orchestral uns
bald sein Können zeige.

Ein Wintermorgen

Die Wintermorgensonne bringt,
   obwohl so flach und schräge,
die schönsten Bilderwirkungen
   zuwege.
Sie steht noch tief und
   in Südost.
Im Tale liegt von Nacht her
   Reif und Frost.
Die Heidebuckel heben sich
   der Sonne Strahl entgegen,
als wünschten sie
   vom Lichte sich begattet,
indes die Ost nach West gestreckte
   Düne weiter schwärzlich schattet.
Die rund gebauchte Kiefer macht,
   als höbe sie die Äste,
um ihren schon besonnten Zweigen
   den Unterleib zu wärmen,
wobei die unbesonnten Zweige
   noch in der Schattenkälte härmen,
obwohl bereits auf dieser Seite,
   der noch dunkeln,
die ersten Spitzen
   in der Morgensonne funkeln.

Ein großer Vogel streicht ganz nah
   durch dieses Bildes Rahmen
und hinterlässt, da er zu schnelle
                            flog,
   dem Auge keinen Namen.

Der Mensch am Frühstückstisch,
   zumal von Radiomusik beglückt,
sieht über allem einen zärtlich
                        blauen Himmel
   und ist still entzückt.

Unser schöner Wildkirschbaum

Nun steht er da,
gekappt die Spitze,
damit er nicht
die Hochvoltleitung
über ihm
erreiche.

Vielleicht,
dass ihn der Frühling
und sein Blättertrieb
zu neuer grüner
Schönheit
runde?

So steht seit Herbst
er,
skelettiert –
im schlimmsten Fall
als schöne
Leiche.

Vielleicht jedoch
als Hoffnungszeichen,
dass auch gekappter
Lebensbaum
gesunde.

Ende Januar

Der Kopf der Kiefer
ragt in die Morgenstrahlen

Das Gras, die Rosentriebe
und die Heide
leuchten
silbergrau gepudert
stumm und still

Die Sonnenschneise
in der Senke
begrenzt
von harten Hügelschatten

Der Himmel
über allem
blass und blau

Zarteste Wolkenstreifen,
deren Weiß
nur zu erahnen ist,
verschwimmen
langsam westwärts

Aus der Baumschule

Am steilen Maibaum hängt der Kranz
Das Schwein hat einen Ringelschwanz

*

Am Birnbaum baumelt gelb die Birne
Es gibt auch Köpfe ohne Hirne

*

Und ist die Stube auch beengt
Der Weihnachtsbaum wird vollgehängt!

*

Pfeilgrade ist der Baum im Traum
Doch kugelrund der Purzelbaum

*

Der Baum hat einen geraden Stamm
Wer nichts hat, ist gerade klamm

*

Brasiliens Urwald: Baum an Baum.
Doch leider wächst der Zwischenraum

*

Der Stammbaum ist des Adels Stolz
Der Baumstamm wächst und spricht:
                            Gut Holz!
               *

Am Laubbaum freut uns seine Krone
An schönen Frauen Oben ohne

Gleichungen

Blumen gleichen den Gedichten
Bäume sind wie alte Sagen
Gärten ähneln Kurzgeschichten

Täglich gibt es neue Handlung
täglich Sonne, Regen, Wind
täglich wunderbare Wandlung

Neue Wege

Einst wuchsen in den Himmel uns
   die Bäume –
Heut frisst an uns der scharfe Zahn
   der Säge.
Als Knaben träumten wir vom Ritterkreuz,
   dem "Dödel"–
Heut picken wir im Winterwind
   am Meisenknödel.
So wirken sie, des Lebens
   Zwischenräume:
Wo uns der Standort war, entstehen
   neue Wege

Augen-Blicke

Von Baum zu Baume
blitzeschnell zwei Eichhörnchen
stammauf und stammab

*

Abendsonnenwärts.
Hellgrün die Kiefernkerzen
des tiefgrünen Baums

*

Wind kommt in Schüben.
Der dösende Holunder
wogt dann wie verblüfft

*

Der Hibiskus zuckt.
Blüten und Blätter schwanken.
Drin hüpft die Drossel

*

Dompfaff auf dem Ast,
strahlend rot geschwellt die Brust.
Das Weibchen gedämpft

*

Ungeschickt flatternd
quert die Elster den Garten
und landet im Baum

*

Kohlmeisen schwirren
gegen Sechs in die Bäume
zur Abendvesper

*

Spätsommersonne:
Die Ahornblätter gilben
im hellen Abend

*

Äpfel erröten,
schwarz färbt sich der Holunder:
Herbstreifezeichen

*

Verwelkendes Laub
fällt schon zur Erde, lautlos
wie erfüllte Pflicht

*

Schnee auf kahlem Baum.
Filigran schwarzer Zweige.
Natur-Grafik pur

*

Kalter Dezember.
Starr stehn nun, wie Gerippe,
dunkel die Bäume

*

Où sont les neiges
du printemps ? Je me gratte
la barbe blanche

*

Will sich der Stecken
zu einem Reifen runden,
muss er sich biegen

Wir sind

Es ist mit uns
   wie mit den alten Bäumen.
Noch trugen wir
   im letzten Sommer Früchte,
von Blumen und
   von Beerenbüschen eingefasst – –
Ach, jeder Frost
   macht mehr zunichte.
Was knorrig war,
   wird morsch und trocken,
trägt mühsam
   kaum die eigne Last
und Eichelhäher,
   die dort hocken.
Doch wir sind da.
   Wir denken noch – und träumen.

Ich spiele auf Zeit

Die Zeit und ich,
   wir tauschten die Rollen.
Früher wollte sie nicht vergehn,
und ich war am Hasten
   und ging in die Vollen,
und die Zeit, sie blieb stehn.

Heut seh ich sie rasen,
und rings auf den Rängen
Vuvuselas am Blasen,
die lärmend und laut
   auf Tempo drängen.

Ich aber bleib ruhig
   beim nötigen Räumen
und find dabei manches,
   das ich vergaß,
und möchte auch gern
   hin und wieder noch träumen
und hab heut am Drängeln
   gar keinen Spaß
und vielmals mehr Lust
   als einstmals vor Zeiten
an Liebe und Nähe
   und Zärtlichkeiten.

Ich weiß: Zu tun ist noch dies
   und noch das,
genügend Altes zum Aufarbeiten.
Ich messe den neuen Zeiten
   das Maß.
Genauer prüf ich von allem
   den Preis.
Wann ist es so weit?

Jaja, ich weiß:
Ich spiele auf Zeit.

Zwiegespräch

Sag's deinem Kinde:
Fühl mal die Rinde,
die schrundige, harte...
Wozu denn? Nun, warte:

Sie schützt all die Kräfte
des Baumes: die Säfte,
die Wurzeln entsteigen,
dass Blüten sich zeigen.

Und Blätter und Früchte
entstehen im Lichte
der Sonne. Wie Sterne
strahlt sie aus der Ferne.

Ach, wer ich denn wäre,
dass ich dir's erkläre,
dir Antwort zu geben:
Was ist mit dem Leben?

Wie Werden und Blühen,
wie Stolz und Verglühen
ruht jeglicher Morgen
im Dunkel verborgen...

Derzeit

Graues Wetter
Kalter Wind bewegt die Bäume
Dünner Nieselregen
weiß noch nicht, was er will
Die Nachrichtenlage
ist auch nicht besser.

Schon gut,
wir ziehen uns warm an.

Inhalt

7	FRÜHLING
8	Baum-Haikus
9	Ein Jammer!
10	Nur die Erinnerung
11	Glückauf
12	Morgenstund
14	Alles Anfang April!
15	Anders
16	Sahst du es nicht?
17	Elegie
18	Zu hoch für mich
20	Verzeihung, Josef v. E.!
21	SOMMER
22	Feiernachmittag
24	Wald im Garten
26	Baumobsternte
28	Wirkungen
29	Septemberblüte
30	Vorsorglich gewarnt!
31	HERBST
32	Nacht
34	Obstversorgung
35	Bildbeschreibung
36	Stadtrandwaldspaß
38	Schauer
39	November
40	Zustandsbeschreibung
42	Später Herbst
44	Baum um Baum
45	WINTER
46	Irrglaube
47	Orchestrales Hoffen
48	Ein Wintermorgen
50	Unser schöner Wildkirschbaum
51	Ende Januar
52	Aus der Baumschule
54	Gleichungen
55	Neue Wege
56	Augen-Blicke
59	Wir sind
60	Ich spiele auf Zeit
62	Zwiegespräch
63	Derzeit

Von Roland Stigulinszky
bei SCW Auer-Sällef:

Vom Joho zum Oskar
Die Kabinette an der Saar von 1947 bis 1995,
65 Portraitkarikaturen, 17 Kabinettslisten, 3 Geschichten
(aktualisierte 4. Auflage 1995)

Vom Konrad zum Kohl
Die Bonner Kabinette von 1949 bis 1989,
129 Portraitkarikaturen, 15 Kabinettslisten, 14 Satiren

Ich wünsch dir Glück an den Hals!
60 Satiren

Silberstreif am Horrorzont
53 Satiren und 27 Cartoons

Anderswo, in andern Ländern, bei andern Leuten
Reisenotizen und Satiren

19 Uhr 99 – Höchste Eisenbahn!
99 fromme und andere Satiren

Gefasste Gedanken
Haikus zu später Stunde

CD „Alt ist modern"
R. St. liest 16 seiner Satiren vom Nachmittag des Lebens

CD „Schön' Urlaub"
R. St. liest Satiren und Reiseerlebnisse

So dahin
Gedichte zu später Stunde

Im Universitätsverlag Röhrig, St.Ingbert:

Scherz, Satire, Ironie und tiefere Bedeutung
Werkauswahl aus 60 Jahren
Hrsg. Prof. Dr. Günter Scholdt
und Hermann Gätje
(Sammlung Bücherturm)

Im Gollenstein-Verlag Blieskastel:
(Hrsg. R. St.)
Der Tintenfisch
das humoristische Blatt des Saarlandes
Kaleidoskop der Jahre 1948-1953

Im Gollenstein-Verlag Merzig:
Tagebuchten
Gedichte Satiren Cartoons

bei SCW Auer-Sällef:
QUERSchnitt + Rückblick
Gedichte und Zeichnungen
des Jahres

bei SCW vergriffen:
Adam & Eva GmbH & Co KG
Und nu, Europa?
Von Spichern bis zur Kleinen Wiedervereinigung
Na wie läuft der Laden?
Ratschläge
für Berufsleben und Kommunikation mit
Soforthilfemaßnahmen
gegen Konkurrenten, Kollegen und andere Betriebsstörungen

Vom Hundertsten ins Tausendste
Lebensgeschichte(n) zwischen Hitler und Heute

bei dtv vergriffen:
Ein Platz für Weihnachtsmänner

bei dtv vergriffen,
von SCW Auer-Sällef noch lieferbar:
Meine liebe Familie